BEI GRIN MACHT SICH IHR WISSEN BEZAHLT

AF144742

- Wir veröffentlichen Ihre Hausarbeit,
  Bachelor- und Masterarbeit

- Ihr eigenes eBook und Buch -
  weltweit in allen wichtigen Shops

- Verdienen Sie an jedem Verkauf

Jetzt bei www.GRIN.com hochladen und kostenlos publizieren

Shitstorm und Skandalisierung in den traditionellen Medien. Wie lässt sich die Skandalisierung mit dem Phänomen des Shitstorms in Bezug setzen?

Bibliografische Information der Deutschen Nationalbibliothek:

Die Deutsche Nationalbibliothek verzeichnet diese Publikation in der Deutschen Nationalbibliografie; detaillierte bibliografische Daten sind im Internet über http://dnb.d-nb.de abrufbar.

ISBN: 9783346348517
Dieses Buch ist auch als E-Book erhältlich.

Druck und Bindung: Books on Demand GmbH, Norderstedt Germany
Gedruckt auf säurefreiem Papier aus verantwortungsvollen Quellen

Das vorliegende Werk wurde sorgfältig erarbeitet. Dennoch übernehmen Autoren und Verlag für die Richtigkeit von Angaben, Hinweisen, Links und Ratschlägen sowie eventuelle Druckfehler keine Haftung.

Das Buch bei GRIN: https://www.grin.com/document/989150

Heinrich-Heine Universität Düsseldorf

Wintersemester 2019/2020

Wie lässt sich die Skandalisierung mit dem Phänomen des Shitstorms in Bezug setzen?

Abgabetermin: 23.12.2020

B.A. Germanistik (KF) und Kommunikations- und Medienwissenschaften (EF)

Inhaltsverzeichnis

1. Einleitung

"Früher waren die Journalisten für die Skandalisierung zuständig, sie mussten sich öffentlich empören, weil es sonst niemand tat. Heute findet die Empörung ohne sie statt. In den sozialen Netzwerken" (Hamann, 2015). Das Phänomen, das Götz Hamann 2015 in seinem Artikel in der Zeitschrift Zeit Online anspricht, ist die öffentliche Empörung in den sozialen Medien und damit einhergehend der sogenannte Shitstorm.

Der Begriff "Shitstorm" ist erst seit dem Sommer 2011 in der deutschen Online-Enzyklopädie Wikipedia verzeichnet. Im selben Jahr wurde das Wort in Deutschland zum Anglizismus des Jahres ernannt (vgl. Haarkötter, 2016, S. 17). Als aktuelles Phänomen sind die Positionierung und Folgen im Skandalisierungsgeschehen also noch recht unerforscht. Neben der Aktualität lässt sich die Relevanz des Themas dieser Hausarbeit dadurch begründen, dass der Shitstorm deutlich an Bedeutung gewonnen hat. Dies zeigt auch der Journalist Götz Hamann, der die "vielen, die sich auf den digitalen Plattformen versammeln" (Hamann, 2015) sogar als fünfte gesellschaftliche Gewalt und damit als Kontrollinstanz einordnet.

Der Prozess und Verlauf eines Skandals könnten damit grundlegend verändert werden. In dieser Hausarbeit wird der Frage nachgegangen, wie diese beiden Komponenten verbunden werden können und wie dieser Bezug aussieht.

Die Forschungsfrage lautet: Wie lässt sich der Shitstorm als Phänomen in den Prozess der Skandalisierung einordnen? Welcher Bezug ergibt sich von dem Shitstorm auf die Skandalisierung, die in den traditionellen Medien stattfindet?

Diese Fragen sollen beantwortet werden, indem erst die beiden Phänomene einzeln dargestellt werden. Es wird der bisherige Forschungsstand aufgezeigt und die beiden Grundbegriffe erklärt. Im dritten Abschnitt werden die zentralen Unterschiede genannt, um die Grenzen deutlich zu machen und eine gegenseitige Bezugnahme vorzubereiten. Der Aspekt der neuen Teilhabe des Publikums wird dabei besonders beleuchtet. Danach werden die Gemeinsamkeiten der Phänomene dargestellt, um einen Bezug zueinander herzustellen. Anschließend wird der Shitstorm in die Skandalisierung als Prozess eingeordnet. Zuletzt werden die Chancen und Risiken dieser Verbindung diskutiert und die Extremfälle der Eingliederung geschildert, um die Bedeutung des Shitstorms für die Skandalisierung deutlich zu machen.

Bei der Literatursuche zu dem Thema wurde darauf geachtet, aktuelle Quellen zu nutzen, da der Shitstorm wie bereits dargelegt ein relativ junges, durch die Digitalisierung möglich gemachtes, Phänomen ist.

Die Systematik dieser Hausarbeit lässt sich so erklären, dass mithilfe bisheriger Forschung sowohl qualitative als auch quantitative Studien verwendet wurden, um die Forschungsfrage zu beantworten und das Thema umfassend darzustellen.

2. Der Shitstorm

Ein Shitstorm ist ein Kommunikationsphänomen, das an einer gewissen Anzahl an negativen Kommentaren gemessen wird (vgl. Haarkötter, 2016, S. 31). In der Forschungsliteratur wird er als ein Entrüstungssturm beschrieben, den ein Unternehmen oder private oder öffentliche Personen in den sozialen Medien erfahren. Erkennbar ist dieser an einem unerwarteten und plötzlichen Anstieg der Beitragsfrequenz durch Nutzer auf den entsprechenden Seiten und in den Kommentarfunktionen. Die Kommentare sind negativ und oft beleidigend mit vulgären Kraftausdrücken. In manchen Fällen findet eine kreative Verhöhnung mithilfe von Graphiken statt (vgl. Schindler & Liller, 2014, S. 171). Die Anonymität des Internets begünstigt dabei die Wut der Nutzer und lässt eine enthemmte Wortwahl zu. In der Forschungsliteratur wird dies als der Online-Enthemmungseffekt beschrieben (vgl. Steinke, 2014, S. 26). Die Rhetorik des Shitstorms äußert sich darin, Empörung als rationale Kommunikationsstrategie zu verwenden, um so möglichst viel Aufmerksamkeit und Reichweite zu generieren. (vgl. Haarkötter, 2016, S. 18).

Der Anlass für einen Shitstorm kann aus verschiedenen Bereichen stammen. Mögliche Optionen sind, dass der Kunde eines Unternehmens enttäuscht über ein Produkt oder den Service ist, das Unternehmen ethische oder moralische Standards verletzt oder der Auftritt eines Unternehmens in der Öffentlichkeit missverständlich und unprofessionell ist (vgl. Steinke, 2014, S. 11). Besonders häufig betroffen von Shitstorms sind somit Banken, Pharmaunternehmen, Energiekonzerne, Nahrungsmittelhersteller und Musikindustrie. Der konkrete Auslöser für einen Shitstorm ist in den meisten Fällen ein 'Rant', bei dem eine einzelne Person auf den Missstand oder die negative Erfahrung in Zusammenhang mit dem Unternehmen aufmerksam macht und eine sehr hohe Reichweite auf der sozialen Plattform erreicht (vgl. Steinke, 2014, S. 13).

Die Relevanzregeln für den Ausbruch eines Shitstorms orientieren sich an Ethik und Moral. Dazu lässt sich festhalten, dass je einfacher und globaler eine Regel ist, gegen die das Unternehmen oder die Person verstößt, desto höher das Potenzial für einen Shitstorm ist (vgl. Steinke, 2014, S. 16).

Ein Shitstorm in den sozialen Medien erfährt in der Regel in den ersten Tagen das größte Wachstum. Die Zeitspanne insgesamt beträgt in den meisten Fällen kaum länger als eine Woche (vgl. Steinke, 2014, S. 14).

2.1 Die Skandalisierung in den Medien

Der Prozess der Skandalisierung wird in dieser Hausarbeit verstanden als Kommunikationsprozess, der durch einen Verstoß gegen den Leitcode des sozialen Referenzsystems öffentliche Empörung auslöst. Die Rolle des 'Skandalierers' übernehmen dabei häufig Journalisten und ihre Medienhäuser, die ihrer Kritik- und Kontrollfunktion nachkommen und Missstände öffentlich aufdecken (vgl. Rother, 2016, S. 100). Wenn die Skandalisierung erfolgreich ist, also öffentliche Empörung erzeugt und in manchen

Fällen die Behebung des Missstandes bewirkt, spricht man von einem Skandal (vgl. Ehmig, 2016, S. 127).

Die normative Funktion eines Skandals ist ein zentrales, historisch gewachsenes Konzept zur öffentlichen Aushandlung von Normen. Medienskandale gelten damit als "mächtiges Instrument öffentlicher Moral" (Burkhardt, 2011, S. 139). Die Funktion einer Reputation, die gerade eine politische Person oder Ämter und Unternehmen innehaben, ist die Legitimierung der Machtunterschiede und rechtfertigt soziale Ungleichheiten. Wird dieser Ruf durch einen Skandal beschädigt, wird diese Machtposition delegitimiert (vgl. Eisenegger, 2016, S. 38).

Der gewöhnliche Verlauf einer Skandalisierung lässt sich nachträglich in verschiedene Phasen einteilen. In der Anfangsphase wird der Kernvorwurf genannt und der Missstand in den Medien anprangernd thematisiert. Die Skandalberichterstattung kann dabei aus allen Gesellschaftsbereichen kommen und berücksichtigt bei der Auswahl verschiedene Faktoren wie die gesellschaftlich dimensionale Relevanz oder räumliche Nähe (vgl. Oelrichs, 2016, S. 185). Nach Kepplinger (2018, S. 37) lassen sich dieser Vor-Krisenphase die Latenz- und Aufschwungphase zuordnen. In der Hauptphase der Skandalisierung wird das Verhalten in der Öffentlichkeit bewertet. Die gesellschaftliche Debatte findet seinen Höhepunkt. Danach folgt nach Kepplinger die Abschwung- und Rehabilitationsphase, in der das Unternehmen oder die betroffene Person versucht, das verlorene Vertrauen der Öffentlichkeit wiederherzustellen.

3. Zentrale Unterschiede der beiden Phänomene

Im Folgenden sollen die zentralen Unterschiede der beiden Phänomene herausgearbeitet werden, um eine klare Abgrenzung zu ermöglichen.

Der bedeutendste Unterschied ist die Sprachauswahl. Bei Shitstorms haben die emotionalsten Kommentare die weiteste Reichweite (vgl. Haarkötter, 2016, S. 45). Inhaltlich sind die Kommentare negativ und sehr emotional aufgeladen, sodass es teilweise zu vulgären Beleidigungen kommt. Ergänzend dazu wirkt der bereits erwähnte Enthemmungseffekt, der online stattfindet und dazu führt, dass der Betroffene des Skandals die Abneigung des Publikums deutlicher als zuvor zu spüren bekommt (vgl. Pörksen & Detel, 2012, S. 122).

Dieses Ergebnis zeigt auch eine quantitative Untersuchung, auf die sich Haarkötter (2016, S. 38) bezieht. Auch hier wurden die stark persönlichen und nicht sachbezogenen Inhalte der Kommentare in einem Shitstorm deutlich. Bei einer erfolgreichen Skandalisierung durch professionelle Kommunikatoren wie Journalisten wird im Gegensatz dazu nur an die Gefühle appelliert. Es wird objektiv berichtet und Emotionen werden nicht direkt ausgedrückt.

Das Motiv zur Aufdeckung des Skandals kann einen weiteren Unterschied darstellen. Neben den moralischen Gründen zum Allgemeinwohl der Gesellschaft zur Aufdeckung eines Missstands, gibt es natürlich noch weitere Aspekte, die einen Journalisten versuchen lassen, möglichst viel Aufmerksamkeit für den Skandal zu generieren. Dazu zählen der Ruf des einzelnen Journalisten und des dazugehörigen Medienhauses, die von einer erfolgreichen Skandalisierung profitieren, sowie materielle und finanzielle Gründe (vgl. Kepplinger, 2018, S. 44). "Ein guter Skandal ist für die Zeitung, die ihn aufdeckt oder auch nur glaubhaft konstruiert, eine Goldader" (Schütze, 1985, S. 21). Bei einem Shitstorm ziehen die beteiligten Akteure keine finanziellen oder materiellen Vorteile aus der Beteiligung an dem Skandal. Natürlich ist der Wunsch nach Ansehen durch eine klare Positionierung auch in den sozialen Medien als Motiv nicht auszuschließen. Dies fällt aber im Vergleich relativ klein aus. Bei einem Shitstorm auf der Plattform Instagram zum Beispiel ist die Beteiligung an diesem auf dem Profil einer Person selbst gar nicht zu sehen, sondern nur in dem Kommentarfeld der Person, die kritisiert wird. Das Motiv der Anerkennungssuche durch Selbstpositionierung ist hierbei als Einflussfaktor auszuschließen. Im Einzelfall generiert außerdem eine Privatperson als Initiator von einer erhöhten Glaubwürdigkeit und einem höheren Identifikationspotenzial als Unternehmen oder Zeitschriften (vgl. Steinke, 2014, S. 14). Als weiterer zentraler Unterschied lässt sich der sogenannte Candystorm kennzeichnen, der das positive Antonym zum Shitstorm bildet. Der Candystorm bezeichnet damit eine virale Welle des positiven und freundlichen Zuspruchs für die betroffene Person in den sozialen Netzwerken (vgl. Haarkötter, 2016, S. 46). Eine positive Skandalisierung gibt es nicht, da dies nicht als Skandal bezeichnet werden würde. Es besteht außerdem die Möglichkeit, durch Kommunikation und schnelles Reagieren den Shitstorm zu einem Candystorm umzuwandeln. Vereinzelt wird dies sogar gezielt von Unternehmen eingeleitet, um eine erhöhte mediale Aufmerksamkeit zu erreichen. Diese wirtschaftliche Instrumentalisierung des Shitstorms lässt sich als weiterer Unterschied festhalten (vgl. Steinke, 2014, S. 32). Die Instrumentalisierung eines medialen Skandalisierungsprozesses ist zwar nicht ausgeschlossen, aber nur selten möglich und wenig erfolgreich, da die Kommunikationsmöglichkeiten durch die Medien als Gatekeeper eingeschränkter sind.

Der zentralste Unterschied, der in dieser Hausarbeit beleuchtet werden soll, ist die Umwandlung des Publikums in Akteure. Diese neue Teilhabeoption wird in dem nächsten Unterkapitel näher erläutert.

3.1 Die neue Teilhabeoption

Laut Kuhlhüser (2016, S. 53-56) ist der Shitstorm zwar in die Gattung der Skandale einzuordnen, da beide denselben Anlass, einen in die Öffentlichkeit geratener Missstand, haben. Der neue Aspekt bei einem Shitstorm ist allerdings die Teilhabeoption des Publikums. Daraus ergibt sich eine neue Dimension des Skandals. Es entsteht ein neues Selbstverständnis von den Nutzern, die sich vom Publikum zum Akteur umwandeln und selber zu der Skandalisierung beitragen können. Es findet eine Verschiebung des passiven Rezipierens ins aktive Mitmachen statt.

So lässt sich der Shitstorm sogar teilweise als ganz neues Skandalschema einordnen, da er sich von den Massenmedien entkoppelt und emanzipiert. So wird das bisherige Publikum nun selber zu den

Initiatoren und Enthüllern. Durch den Shitstorm können einzelne Stimmen massenhaft Aufmerksamkeit erzeugen und lenken (vgl. Detel & Pörksen, 2012, S. 23) .

Denn das Publikum nimmt nicht nur an dem Skandal teil, sondern ermöglicht ihn in manchen Fällen sogar selbst, wie von Pörksen und Detel (2012) an dem Beispiel des Rücktritts des damaligen Bundespräsidenten Horst Köhler, der durch einen Shitstorm durch einen Studenten ausgelöst wurde, gezeigt wird. Hier wurde das im Mittelpunkt stehende Interview erst veröffentlicht, danach von der Leserschaft als brisant bewertet und erst anschließend durch Aufforderung an die großen Medienhäuser zu einer genaueren Recherche als Skandal in der Öffentlichkeit behandelt. Die Autoren sehen damit das Publikum oder Teile des Publikums selbst "in (die) Rolle des Rechercheurs, Archivars und des Informanten, des Beweis-Lieferanten und des journalismusaffinen Anklägers in Erscheinung treten" (S. 34).

Die Massenmedien und deren geschulte Journalisten werden dabei allerdings nicht als überflüssig deklariert, sondern erleben eine Verschiebung in deren Funktion. Sie treten nicht mehr als Gatekeeper in Kraft, sondern agieren eher als Verstärker des Skandals. Sie recherchieren, ordnen das Geschehene ein und bieten Orientierung und Hintergrundwissen. Sie schaffen mit ihren Berichten erhöhte Aufmerksamkeit und erzeugen die Legitimierung des Skandals in der Öffentlichkeit (vgl. Pörksen & Detel, 2012, S. 42).

4. Gemeinsamkeiten der beiden Phänomene

Eine zu nennende Gemeinsamkeit sind die verschiedenen Stufen eines Shitstorms, die auch in der medialen Skandalisierung zu beobachten sind. Diese Stufen zeigen an, inwiefern ein Skandal in der Öffentlichkeit aufgenommen und verarbeitet wird. Dabei können diese in manchen Fällen ohne Wirkung, folglich mit wenig Auswirkungen in der Bevölkerung, auftreten, manchmal entwickeln sie ihre Konsequenzen und Auswirkungen schleichend und manchmal ist die Skandalisierung direkt nach Bekanntmachung und Veröffentlichung des Skandals sehr erfolgreich. Also gibt es Skandale und Shitstorms, die eine unterschiedliche Reichweite und Entwicklung aufzeigen (vgl. Überall, 2016 S. 12). Ob und wie schnell diese erfolgreich sind, ist unter anderem abhängig von den sogenannten 'opinion leadern', die ebenfalls in beiden Phänomenen auftauchen. Die Beiträge dieser Meinungsführern erzielen am wahrscheinlichsten virale Effekte. Bei Skandalisierungsprozessen in den Leitmedien nehmen diese Rolle investigative Journalisten ein. Meist sind dies nur drei bis fünf Journalisten, die als Wortführer fungieren und den Sachverhalt intensiv recherchiert haben (vgl. Kepplinger, 2018, S. 35). Aber auch bei einem Shitstorm werden manche Beiträge - oder Tweets bei dem Beispiel Twitter - besonders oft wiederholt oder darauf Bezug genommen. Der Shitstorm verläuft also ebenfalls asymmetrisch (vgl. Haarkötter, 2016, S. 45).

Eine weitere Gemeinsamkeit sind die Reaktionen und limitierten Handlungsmöglichkeiten der vom Skandal betroffenen. Bei einem Shitstorm und bei einer erfolgreichen Skandalisierung der Medien sehen sich die Personen, die bei dem Vorfall im Mittelpunkt stehen, einer Flut an Nachrichten oder Berichten über sich selber konfrontiert. Oft resultieren daraus negative Emotionen. Ein Statement zur Verteidigung zur eigenen Person kann in beiden Fällen jedoch zu einer Verschlimmerung der Situation führen, da dies von der Bevölkerung oft als 'Rausreden' interpretiert wird (vgl. Kepplinger, 2018. S. 76).

Abschließend ist die Gemeinsamkeit zu nennen, dass ein Shitstorm in den meisten Fällen nicht nur Beleidigungen enthält, sondern über das Thema auch auf sachlicher Ebene diskutiert und argumentiert wird. Das rückt die Umstände des Skandals in den Fokus der Gesellschaft und ermöglicht einen Diskurs über das skandalisierte Verhalten (vgl. Kuhlhüser, 2016, S. 81).

5. Eingliederung in den Prozess der Skandalisierung

Wenn auf die versuchte Skandalisierung, also das Veröffentlichen eines vermeintlichen Missstandes, gar nicht oder nur sehr wenig reagiert wird, ist die Skandalisierung gescheitert (vgl. Kepplinger, 2018, S. 39). Der Shitstorm als Maß für die öffentliche Reaktion kann also sehr hilfreich sein, um einzuschätzen, wie stark der Skandal aufgenommen wurde. Außerdem findet dieser Austausch auch in die andere Richtung statt: Ob ein Shitstorm aus dem Internet in die klassischen Medien defundiert, also dort ebenfalls eine Berichterstattung auslöst, kann ein wichtiger Maßstab zur Messung seiner Stärke und Relevanz sein (vgl. Haarkötter, 2016, S. 24). Folglich lässt sich festhalten, dass ein Shitstorm und die mediale Berichterstattung im ständigen Austausch und in einer Art Interdependenz zueinanderstehen. Diese Wechselwirkung der Offline-Medien ist nicht immer ausgeglichen, da der Shitstorm natürlich für eine ausreichende Reichweite stärker auf die Massenmedien angewiesen ist (vgl. Kuhlhüser, 2016, S. 56).

Die klassischen Medien und die Stimmungslage in den sozialen Netzwerken beeinflussen sich somit gegenseitig und können bei einer Übereinstimmung zu einem noch größeren Echo des Skandals führen. In dem Zusammenhang lässt sich auf die sogenannten crossmedia dynamics verweisen, die die Dynamiken beschreiben, nach denen über mehrere Kanäle in verschiedenen Medien ein Austausch stattfindet (vgl. Hintzen & Spiller, 2016, S. 112).

Das Social Web kann als Diskursraum genutzt werden und zeigt in der empirischen Inhaltsanalyse von Richter und Kneuer (2015, S. 183) einen hohen Kommunikations- und Informationsgehalt. Die sozialen Netzwerke helfen, so die Ergebnisse, bei der Organisation der Empörungsbewegungen. Der Shitstorm lässt sich als Erweiterung zu diesem Phänomen verstehen. Ergänzend zu der Diskussion um das betreffende skandalisierte Thema hat der Shitstorm das Potenzial, Gegendiskurse zu dem massenmedial dominanten Diskurs herauszubilden. Wie sich an dem Beispiel des Amazon-Shitstorms 2013 zeigen lässt, können Diskursstränge dabei noch intensiver herausgearbeitet werden. Durch den Shitstorm wird deutlich, was Teilen der Bevölkerung an dem Skandal am wichtigsten ist. An dem Beispiel Amazon war das die Differenzierung zwischen dem Vorwurf der Leiharbeit oder der Konsumgesellschaft im Allgemeinen. Durch die zahlreichen negativen Kommentare ließ sich deutlich machen, welcher Aspekt am meisten Empörung auslöst und so einzelne intensive Diskursstränge deutlich machen (vgl. Kuhlhüser, 2016, S. 52).

Außerdem lässt sich sagen, dass ein Konflikt erst dann als gelöst betrachtet werden und ein Skandal in die Rehabilitierungsphase übergehen kann, wenn sich "die Sanktionierung des Skandalisierten durch die Öffentlichkeit marginalisiert hat" (Burkhardt, 2011, S. 144).

Hier wird klar deutlich, in welchem Wechselspiel die Kommunikation der Journalisten zu den öffentlichen Stimmen online steht. Ob sich die Empörung gelegt hat oder sich noch in seinem Klimax befindet, müssen die Journalisten aus der gesellschaftlichen Stimmung, beispielsweise messbar an einem Shitstorm, ablesen. Dementsprechend bedingen sich die Skandalisierung und der Shitstorm gegenseitig und stehen in ständigem Austausch.

Schindler und Liller (2014, S. 161-164) unterscheiden zwischen drei Verlaufsmöglichkeiten, wie das Social Web und die Gatekeeper-Medien während eines Skandalierungsprozesses miteinander kommunizieren. In der klassischen Reputationskrise erfolgt die Präsenz des Skandals in den sozialen Medien ungefähr zeitgleich mit der Präsenz in den Gatekeeper-Medien. Bei einem zweiten Fall ist der Skandal in den sozialen Medien durch Nutzer relativ groß, findet durch Journalisten allerdings nur wenig Resonanz. Bei der sogenannten Social-Media-Resonanzkrise nehmen die Gatekeeper-Medien ein Thema aus einem Shitstorm auf und verlängern den Krisenverlauf dadurch. Welcher Fall eintritt, ist sehr individuell von dem Geschehen abhängig. Hieran lässt sich erkennen, dass die Interdependenz der beiden Mediengruppen sehr unterschiedlich ausfallen kann.

An dieser Stelle soll noch einmal, wie bereits in Kapitel 2.1 erläutert, auf die Funktion eines Skandals eingegangen werden. Die soziale Funktion der Diskussion um einen Skandal ist die Aktualisierung des Präferenzcodes der Gesellschaft. Dieser besteht aus Moralen, Werten und Normen, die in ein soziales Bezugssystem sortiert werden. Der Skandal stellt in diesem Kontext ein soziales Ritual zur Aktualisierung dieses Leitcodes dar, der durch Kommunikation einen wichtigen Beitrag zu kollektiven Differenz- und Identitätsbildung leistet (vgl. Burkhardt, 2011, S. 132). "Im Skandalschrei offenbaren Einzelne oder auch ganze Nationen ihr Verständnis von Normalität und vergewissern sich ihrer Werte: je gleichförmiger die Entrüstung, desto stabiler und akzeptierter das Wertesystem, das verletzt wurde" (Pörksen & Detel, 2012, S. 21).

Genau an diesem Punkt setzt der Shitstorm an und ermöglicht neue Dimensionen des Austauschs: Durch die Diskussion und Kundgabe der Meinungen einzelner Personen im Netz wird die soziale Funktion des Skandals verstärkt. Je aktiver und weitläufiger der Aufschrei, desto deutlicher wird - zusammen mit der Bevölkerung, nicht nur repräsentativ für die Bevölkerung durch Medien und Journalisten - die Grenze der Moral der Gesellschaft gezogen. Mit einem Skandal und der dazugehörigen Kommunikation um den Verstoß legitimiert sich folglich die soziale Ordnung (vgl. Eisenegger, 2016, S. 39). Der Shitstorm hat die Funktion einer noch klaren Positionierung und Ausgrenzung von Personen, die gegen die gesellschaftlichen Regeln verstoßen. Dass sich jeder aktiv auf den sozialen Plattformen an diesem Prozess beteiligen kann, trägt noch deutlicher zur Identitätsbildung bei.

Das Themenspektrum der Nachrichten und der Skandale wird durch und mit den Shitstorms erweitert; Interessantheit dominiert dabei die Relevanz. Die Frage nach der gesellschaftlichen Bedeutung ist hierbei nicht mehr ausschließlich entscheidend, wie es vorher bei den professionellen Medien der Fall war (vgl. Pörksen & Detel, 2012, S. 24). Wenn sich viele Menschen in den sozialen Medien für ein Thema interessieren und sich zu diesem Thema äußern, gewinnt es an Aufmerksamkeit und damit auch an Relevanz für die Gesellschaft, auch wenn dieses Thema von Journalisten primär nicht als relevant genug eingeschätzt werden würde. So können die Menschen als Masse eine Dynamik entwickeln, die die Nachrichten beeinflusst. Dies kann natürlich auch offline oder zu weniger negativen Themengebieten als bei Skandalen der Fall sein. Die sozialen Netzwerke erleichtern es den Menschen mit denselben Interessensgebieten aber, sich zu finden und für ein Thema zu mobilisieren (vgl. Schindler & Liller, 2014, S. 40).

Außerdem wird in der Forschungsliteratur ein Trend der Skandalisierung beschrieben, in den sich der Shitstorm gut einordnen lässt. Mit Blick auf die Anzahl und Entwicklung der Skandale seit den 1960er Jahren wird festgestellt, dass diese immer häufiger auftreten und dass die Zeitspanne zwischen dem Beginn der Skandale mit darauffolgenden Rücktrittsdiskussionen deutscher Bundesminister und den tatsächlich erfolgenden Rücktritten immer kürzer wird. Unter anderem aus diesem Beispiel wird zurück geschlossen, dass die Skandale immer deutlicher von Journalisten als Missstand dargestellt und behandelt wurden. "Der Personalisierungsgrad der Skandalisierung von Missständen stieg deutlich an und der Empörungsgehalt der Rücktrittsdiskussionen nahm erheblich zu" (Kepplinger, 2018, S. 52). Diesem beobachteten Trend schließt sich der Shitstorm, der ja einen sehr hohen Empörungsgrad beinhaltet, an.

Es wurden im Kapitel 2.1 Strukturen vorgestellt, um die Phasenverläufe eines Medienskandals zu benennen. Während es sich diese Hausarbeit zu Beginn zur Aufgabe gemacht hat, den Shitstorm in diese Phasenverläufe einzuordnen, ist nun deutlich geworden, dass sich der Shitstorm und Medienskandale auf jeder diesen Stufen und Phasen im Austausch miteinander befinden und sich gegenseitig beeinflussen. Eine Eingrenzung auf eine Phase ist damit nicht möglich.

Zusammenfassend lässt sich sagen, dass es zwischen einem Shitstorm im Social Web und der klassischen medialen Öffentlichkeit zu Wechselwirkungen kommen kann. Sie können gegenseitige Resonanzen erzeugen und die Skandalisierung noch verstärken. Deren Ausmaß ist jedoch von jedem individuellen Einzelfall abhängig.

6. Chancen und Risiken

Als Risiko lässt sich nennen, dass sich durch die erhöhte Häufigkeit kleinerer Shitstorms, die sich zu einem Skandal wandeln können, auch dysfunktionale Folgen der Skandalisierung einstellen können. Bei einer immer größer wachsenden Zahl erfolgreicher Skandalisierungsprozessen ist es wahrscheinlich, dass mit einer Gewöhnung an diese auch eine unerwünschte Trivialisierung der Missstände einhergeht (vgl. Kepplinger, 2018, S. 88).

Alte Krisenmanagements müssen überarbeitet werden, da diese oft nicht mehr aktuell sind und den Skandal eventuell nur verschlimmern. Detel und Pörksen (2012, S. 92) nennen an dieser Stelle das Beispiel des Plagiatskandals der Doktorarbeit des Politikers Karl-Theodor zu Guttenberg 2011, der sich erst an die klassischen Empfehlungen des Krisenmanagements hielt und die Vorwürfe abstritt. Dieses Umgehen mit dem Skandal erwies sich als kontraproduktiv, da es die öffentliche Empörung weiter steigerte. Die Regierung sah sich einem Shitstorm und der intensiven Plagiatsrecherche der Internetnutzer ausgesetzt, bis der Minister 13 Tage nach der ersten Veröffentlichung des Vorwurfs zurücktrat. An diesem Beispiel wird die Herausforderung deutlich, der sich die die PR- und Öffentlichkeitsarbeit ausgesetzt sieht, da der Umgang mit der Öffentlichkeit ohne die traditionellen Leitmedien als Gatekeeper neue Herangehensweisen fordert.

An diesem Beispiel lässt sich allerdings auch ein weiteres Risiko verdeutlichen. Viele Nutzer begannen, selbst intensive Recherche zu der angezweifelten Doktorarbeit durchzuführen.

Individuen können alle als Journalisten und Initiatoren eines Skandals agieren, wobei dies mit sehr hoher Geschwindigkeit durch das Internet geschieht. Dies geschieht oft ohne das Wissen um die Standards und Ansprüche der professionellen journalistischen Arbeit und mit weltweiten Auswirkungen. Dies ist als Risiko dieser Erscheinung anzusehen, da eventuelle Standards bei der Recherche und Aufarbeitung nicht eingehalten werden und so Skandale mit beispielsweise unseriösen Quellen internationale Aufmerksamkeit generieren. Hierbei sollten die Konsequenzen dieses Vorgehens nicht unterschätzt werden, da in Extremfällen das Privat- und Berufsleben der Personen rund um das skandalisierte Geschehen ernsthaft bedroht wird (vgl. Pörksen & Detel, 2012, S.42).

Außerdem lässt sich in dem Zusammenhang als Gefahr einordnen, dass es bei einem generierten Shitstorm zwar, wie bereits erwähnt, opinion leader gibt, für die Recherche selbst aber kein konkreter Ansprechpartner und damit Verantwortlicher für den Inhalt zur Verfügung stehen. Oft kann sich nur auf eine unorganisierte Masse, die teilweise anonym agiert, bezogen werden (vgl. Trankovits, 2015, S. 56). Dies ist ein wichtiger Unterschied zum Qualitätsjournalismus, der sich mit denselben Themen auseinandersetzt.

Bei einem Shitstorm ist manchmal nicht erkennbar, ob es sich nur um eine sehr laute Randgruppe oder einen Querschnitt der Bevölkerung handelt. Ohne einen geregelten Maßstab können so vergleichsweise wenig Tweets zu einem Skandal in einem Artikel zu Zusammenfassungen wie 'So reagiert das Netz' umgewandelt werden. Daraus ergibt sich ein falscher Eindruck der Wirklichkeit (vgl. Trankovits, 2015, S. 209).

Ein weiteres Risiko ist der Generationenkonflikt, der sich herausstellt, wenn ein Shitstorm beziehungsweise generell das Feedback aus den sozialen Medien als Rückmeldemechanismus für die Medienhäuser dient, um den Verlauf eines Skandals einzuschätzen. Hierbei ist es wahrscheinlich, kein repräsentatives Bild der Bevölkerung zu erhalten, da manche Konsumenten keinen Zugriff auf diese Netzwerke haben, oder sich dazu entscheiden, nicht an einem Shitstorm mitzuwirken. In diesem Fall dient die jüngere Generation als Treiber der Medienindustrie und damit der Auswahl, welche Skandale online übernommen werden (vgl. Zimmermann, 2011, S. 209).

Eine mögliche Entwicklung für die Zukunft wird bei einer steigenden Anzahl an institutionellen Initiatoren von Shitstorms gesehen. Diese würden demnach seltener von Privatpersonen und öfter von NGOs oder politischen Parteien ausgelöst, die den Aufschrei der Empörung für sich nutzen. Damit wäre ein Anstieg des sogenannten Scandal Surfings zu verzeichnen, bei dem versucht wird, aus einem Skandal etwas Positives für die eigenen Ziele mitzunehmen (vgl. Steinke, 2014, S. 14).

Dies ist kein neues Phänomen, wie sich an dem Beispiel des Skandals um Laura Alberts Pseudonym 'J.T. Leroy' im Oktober 2005 zeigen lässt, bei der die mediale Inszenierung als "entscheidendes Marketing-Instrument eingesetzt wurde" (Seiler, 2011, S. 275). Allerdings ist durch die steigenden Möglichkeiten der Eigeninszenierung in einem Skandal durch die sozialen Medien hier ein Anstieg des Aufkommens dieses Phänomens denkbar.

7. Fazit

Ein Massenpublikum ist mit der Einführung der sozialen Netzwerke verstärkt in der Lage zu interagieren und reagieren. Ein Shitstorm spielt einen Skandal in der Praxis aus und setzt die Empörung in die Tat um. Dies stellt kein neues Phänomen dar, sondern trägt die öffentliche Entrüstung nur in die sozialen Netzwerke und macht sie damit erfahrbarer. Der Shitstorm ist dementsprechend eine besondere Ausprägung davon, selber auf die Schlagzeilen zu reagieren, die eigene Meinung einzubringen und so die Nachrichtenlage auch zu beeinflussen. Dabei kann der Shitstorm als Indikator dienen, ob und wie das Thema aufgegriffen wird und welchen Einfluss dieser auf die Skandalisierung in den traditionellen Medien haben kann.

Diese Hausarbeit hat mit Beispielen belegt verschiedene Ansätze herausgearbeitet, inwiefern ein Zusammenhang zwischen dem Online-Phänomen Shitstorm und der Skandalisierung von professionellen Kommunikatoren in den klassischen Medien besteht. Zu nennen ist hierbei die Interdependenz, in der sich die beiden Phänomene befinden. Ein Shitstorm kann als Auslöser der Skandalisierung dienen, aber auch erst eine Folge einer erfolgreichen Skandalisierung sein. In der Zusammenfassung der Hausarbeit hervorzuheben ist das neue Selbstverständnis der Nutzer, die durch einen Shitstorm selbst zum Akteur werden. Wie dargelegt, emanzipiert sich das Medienpublikum und beteiligt sich an dem sozialen Konzept des Skandals, die moralische Grenze der Gesellschaft online deutlich zu machen. Damit ist dieses Vorgehen nicht länger das Privileg professioneller Publizisten. Ebenfalls wurde gezeigt, dass Shitstorms das Potenzial haben, das Themenspektrum der Skandalisierung zu erweitern. Außerdem wurde gezeigt, dass der Shitstorm zwar Einfluss auf die Skandalisierung als ganzen Prozess hat, dieser aber von jedem individuellen Fall abhängig ist und variiert. Die zu Beginn gestellte Forschungsfrage ist damit beantwortet.

Im Folgenden wird die Hausarbeit mit einem Ausblick auf weiterführende Forschungsperspektiven abgeschlossen. Ein möglicher Aspekt wäre die Untersuchung, welche Konsequenzen ein Shitstorm auf der gesellschaftlichen und damit sozialen Ebene hat. Bei der Literaturrecherche bin ich vermehrt auf Bücher aufmerksam geworden, die als Ratgeber für Unternehmen dienen. Eventuell resultiert aus dem Umgang mit möglichen Shitstorms eine langfristige Verbesserung der Unternehmenskommunikation zu den Kunden.

Interessant ist auch der forschungswissenschaftliche Ausblick, welche Folgen das vermehrte Aufkommen von Shitstorms auf die Medienberichterstattung hat. Eine Reaktion auf komplexe Sachverhalte könnte eine zunehmende Emotionalisierung und verstärkte Skandalisierung sein. Der erhöhte Aufmerksamkeitskampf kann dabei zu einer ansteigenden Boulevardisierung der Medienhäuser führen (vgl. Trankovits, 2015, S. 220). Diese Zusammenhänge erfordern allerdings noch eine weitere Forschung.

8. Literaturverzeichnis

Burkhardt, S. (2011). Skandal, medialisierter Skandal, Medienskandal: Eine Typologie öffentlicher Empörung. In K. Bulkow & C. Petersen (Hrsg.), *Skandale. Strukturen und Strategien öffentlicher Aufmerksamkeitserzeugung* (S. 131-156). VS Verlag für Sozialwissenschaften.

Ehmig, S. (2016). Wie der Alltag zum Skandal wird. In M. Ludwig (Hrsg.), *Mediated Scandals. Gründe, Genese und Folgeeffekte von medialer Skandalberichterstattung* (S. 126-145). Herbert von Halem Verlag.

Eisenegger, M. (2016). Negierte Reputation - Zur Logik medienöffentlicher Skandalisierungen. In M. Ludwig (Hrsg.), *Mediated Scandals. Gründe, Genese und Folgeeffekte von medialer Skandalberichterstattung* (S. 33-57). Herbert von Halem Verlag.

Haarkötter, H. (2016). Empörungskaskaden und rhetorische Strategien in Shitstorms. In H. Haarkötter (Hrsg.), *Shitstorms und andere Nettigkeiten. Über die Grenzen der Kommunikation in Social Media* (S. 17-50). Nomos Verlagsgesellschaft.

Hamann, G. (2015, 25. Juni). Wer vertraut uns noch? *Zeit Online.* https://www.zeit.de/2015/26/journalismus-medienkritik-luegenpresse-vertrauen-ukraine-krise, zuletzt aufgerufen am 15.12.2020

Kepplinger, M. (2018). *Medien und Skandale. Medienwissen kompakt* (1. Aufl.). Springer VS.

Kneuer, M. & Richter, S. (2015). *Soziale Medien in Protestbewegungen: Neue Wege für Diskurs, Organisation und Empörung?* Campus Verlag GmbH.

Kuhlhüser, S. (2016). Shitstorm gleich Shitstorm? Eine empirische Untersuchung des Netzphänomens exemplarisch dargestellt am Amazon-Shitstorm 2013. In H. Haarkötter (Hrsg.), *Shitstorms und andere Nettigkeiten. Über die Grenzen der Kommunikation in Social Media* (S. 51-84). Nomos Verlagsgesellschaft.

Oelrichs, I. (2016). Strukturmerkmale der Skandalberichterstattung. In M. Ludwig (Hrsg.), *Mediated Scandals. Gründe, Genese und Folgeeffekte von medialer Skandalberichterstattung* (S. 164-190). Herbert von Halem Verlag.

Pörksen, B. & Detel, H. (2012). *Der entfesselte Skandal: Das Ende der Kontrolle im digitalen Zeitalter*. Herbert von Halem Verlag.

Rother, N. (2016). Journalisten und ihre Rolle im Skandal. In M. Ludwig (Hrsg.), *Mediated Scandals. Gründe, Genese und Folgeeffekte von medialer Skandalberichterstattung* (S. 100-125). Herbert von Halem Verlag.

Schindler, M. & Liller, T. (2014). *PR im Social Web* (3. Auflage. Aufl.). O'Reilly Vlg. GmbH & Co.

Schütze, C. (1985). *Skandal. Eine Psychologie des Unerhöhrten*. Scherz.

Seiler, S. (2011). "Das Herz ist vor allem trügerisch". In K. Bulkow & C. Petersen (Hrsg.), *Skandale. Strukturen und Strategien öffentlicher Aufmerksamkeitserzeugung* (S. 263-276). VS Verlag für Sozialwissenschaften.

Spiller, R. & Hintzen, T. (2016). Empörungswellen im Internet. In H. Haarkötter (Hrsg.), *Shitstorms und andere Nettigkeiten. Über die Grenzen der Kommunikation in Social Media* (S. 109-122). Nomos Verlagsgesellschaft.

Steinke, L. (2014). *Bedienungsanleitung für den Shitstorm: Wie gute Kommunikation die Wut der Masse bricht (essentials) (German Edition)* (2014. Aufl.). Springer Gabler.

Trankovits, L. (2015). *Die Nachrichtenprofis: Warum Qualitätsjournalismus für unsere Demokratie unverzichtbar ist (dpa)*. Frankfurter Allgem.Buch.

Überall, F. (2016). Geleitwort: Journalismus und Shitstorms. In H. Haarkötter (Hrsg.), *Shitstorms und andere Nettigkeiten. Über die Grenzen der Kommunikation in Social Media* (S. 11-16). Nomos Verlagsgesellschaft.

Zimmermann, K. (2011). *Schlagzeilen, Skandale, Sensationen. Wie Medien und Journalisten heute agieren*. orell füssli Verlag AG.

BEI GRIN MACHT SICH IHR WISSEN BEZAHLT

- Wir veröffentlichen Ihre Hausarbeit,
  Bachelor- und Masterarbeit

- Ihr eigenes eBook und Buch -
  weltweit in allen wichtigen Shops

- Verdienen Sie an jedem Verkauf

Jetzt bei www.GRIN.com hochladen und kostenlos publizieren